miniLÜK
westermann

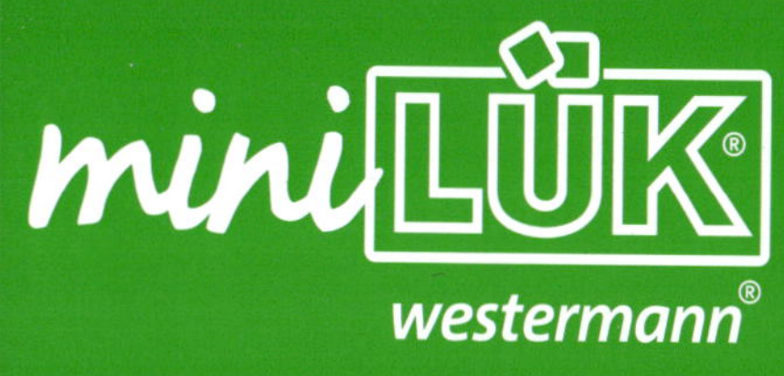

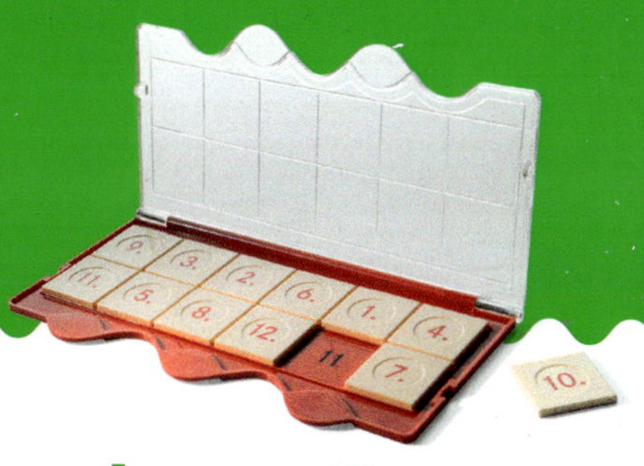

AB 4 JAHREN

Vorschulkinder 2

Merkfähigkeit und Konzentration

AF201727

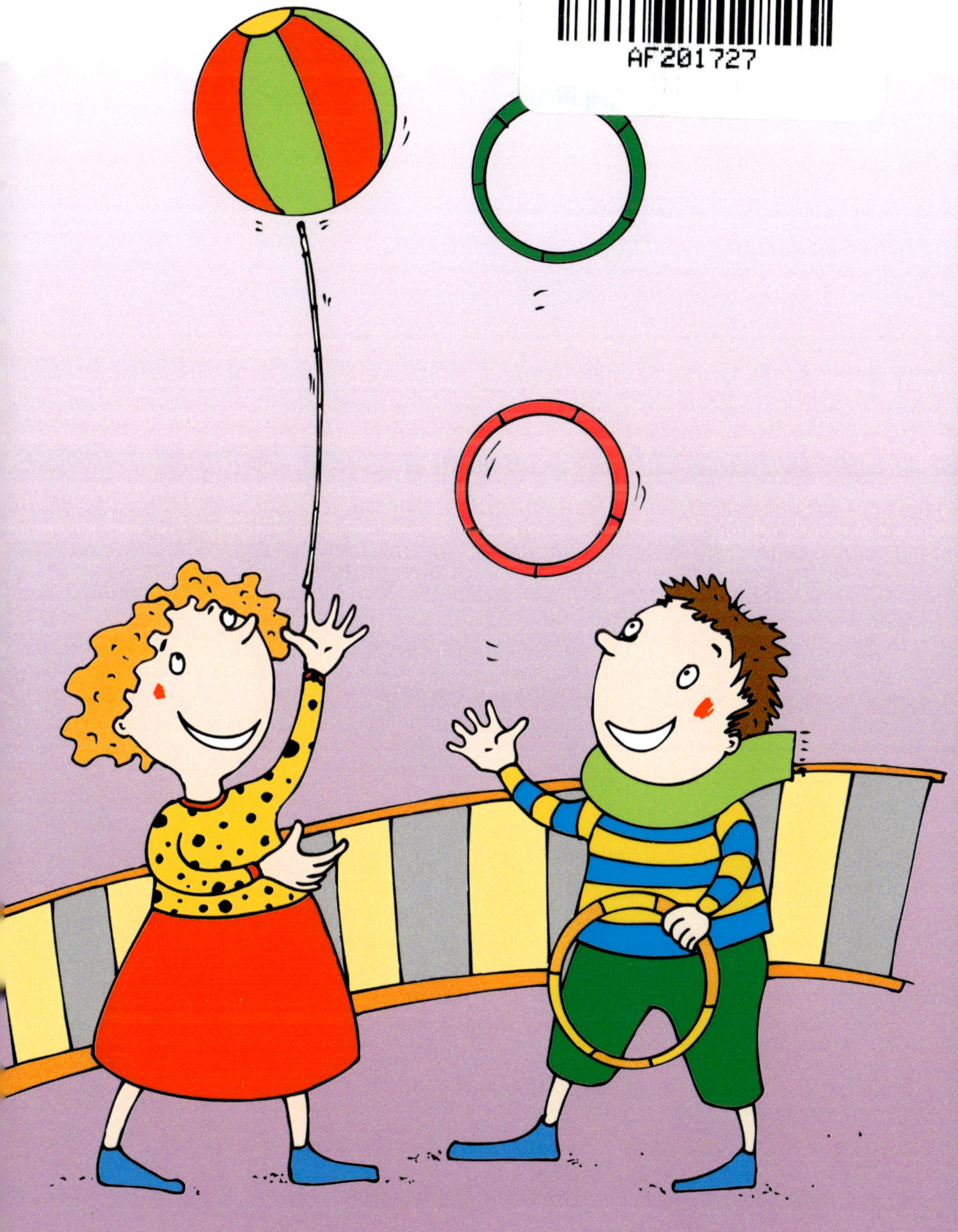

LERNSPIEL

Für dieses Heft brauchst du das **miniLÜK®-Kontrollgerät**

Inhalt

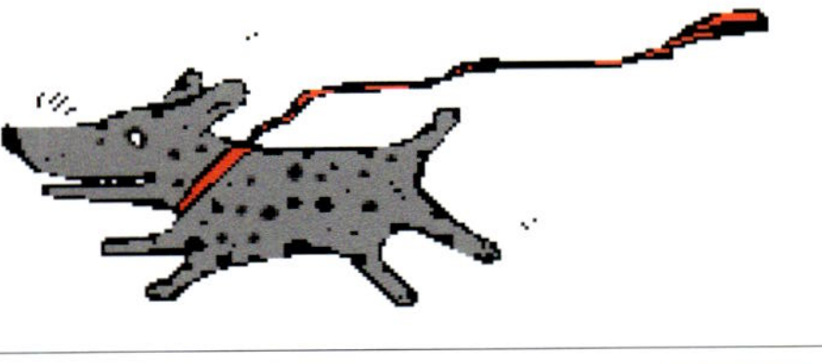

LÜK® – Begründet von Heinz Vogel
Autor dieses Heftes: Heinz Vogel
Illustrationen: Susann Hesselbarth, Leipzig
Druck und Verarbeitung: westermann druck GmbH, Braunschweig

© 1973/2006 Westermann Lernspielverlag GmbH, Braunschweig

2024 2023 2022 2021

ISBN 978-3-89414-**102**-8

Und so geht's:

Das Beispiel auf dieser Seite zeigt, wie du mit miniLÜK spielst.

Öffne das miniLÜK®-Lösungsgerät und lege den durchsichtigen Boden des Lösungsgerätes auf die untere Übungsseite deines miniLÜK-Heftes! Nimm Plättchen 1 und sieh dir Aufgabe 1 an!

Dort siehst du eine gelbe Form, die du in grün auf der unteren Seite in Feld 9 wiederfindest. Lege Plättchen 1 auf die grüne Form in Feld 9! So spielst du weiter, bis alle 12 Plättchen auf dem durchsichtigen Teil des Lösungsgerätes liegen und keine Bilder mehr zu sehen sind.

Dann schließt du das Lösungsgerät und drehst es um. Wenn du das bei der Übung abgebildete Muster siehst, hast du alles richtig gemacht.

Passen einige Plättchen nicht in das Muster, löst du diese Übungen noch einmal. Stimmt es jetzt?

Und nun viel Spaß!

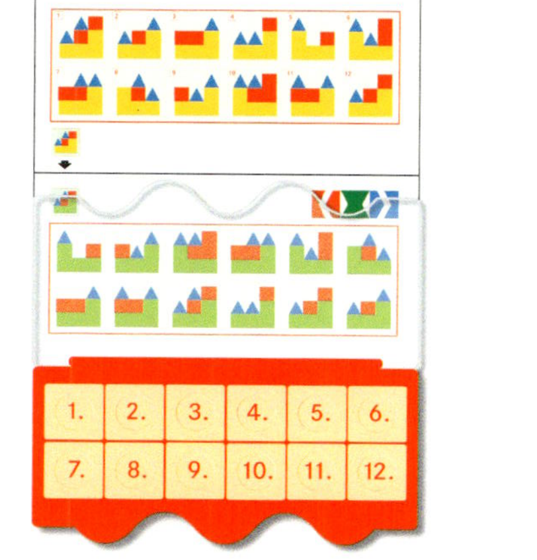

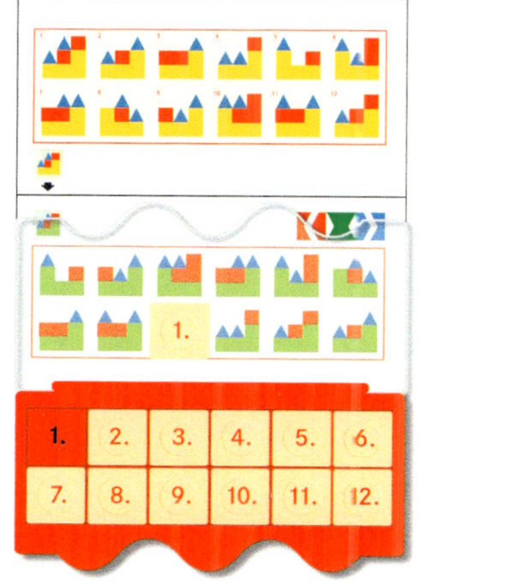

Was gehört zusammen?

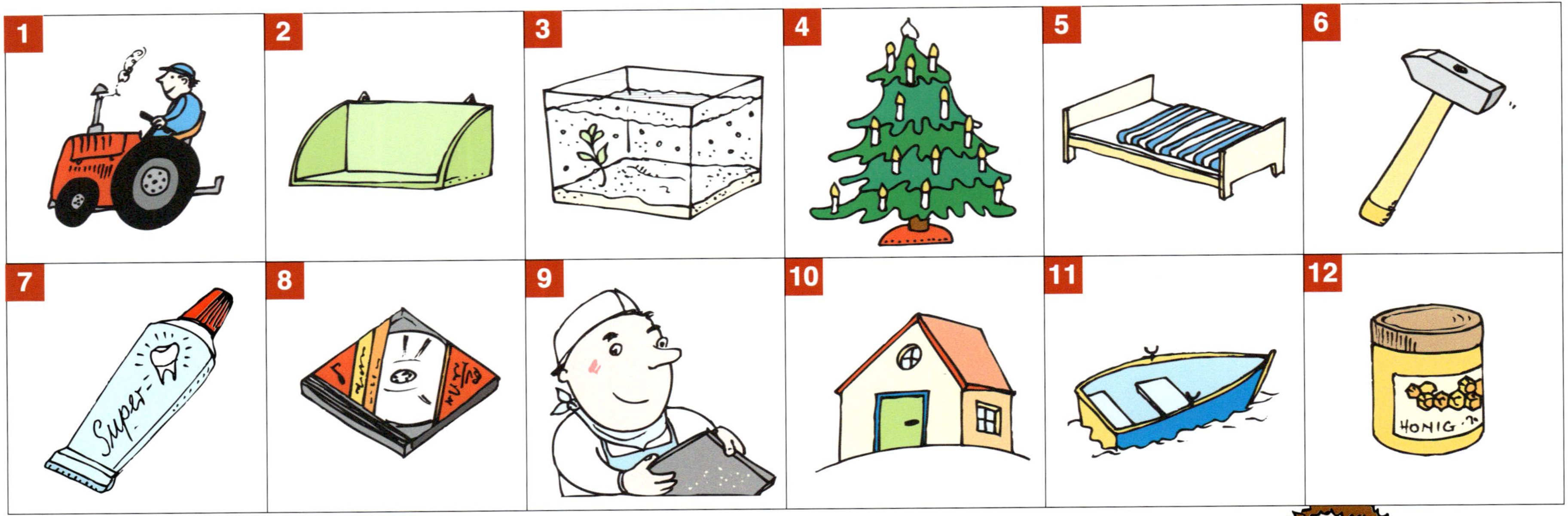
1
2
3
4
5
6
7
Super-
8
9
10
11
12
HONIG

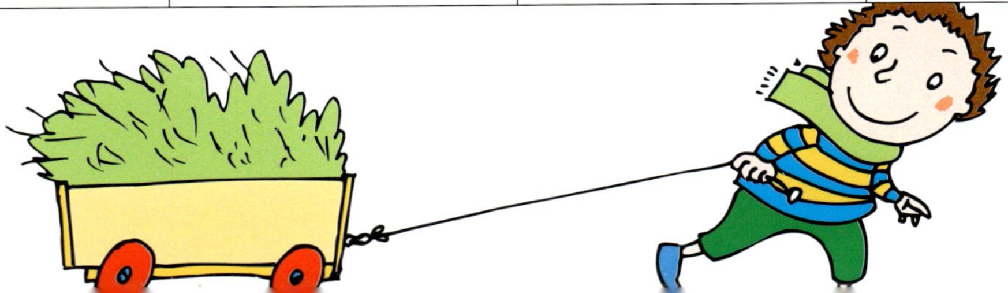

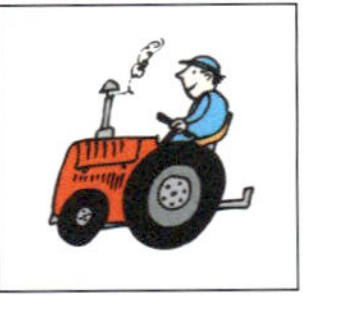

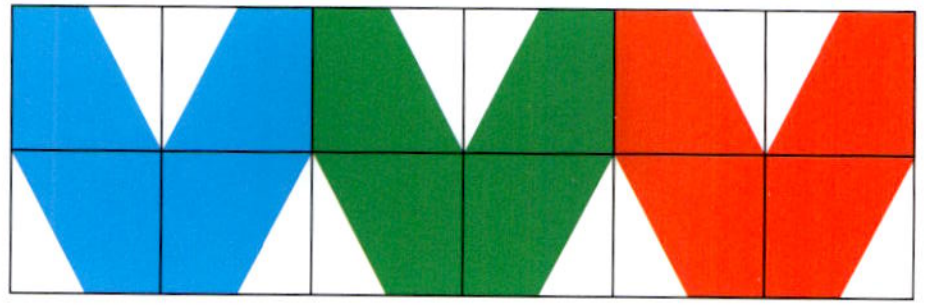

1	2	3	4	5	6
7	8	9	10	11	12

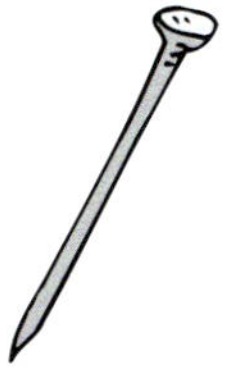

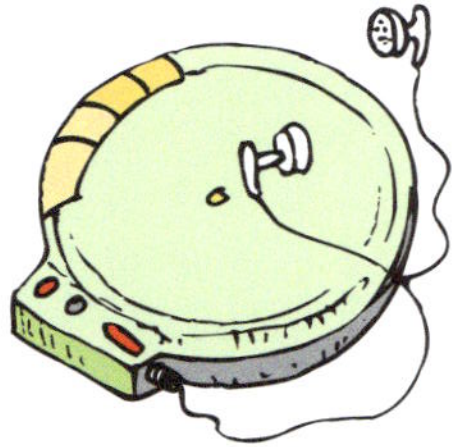

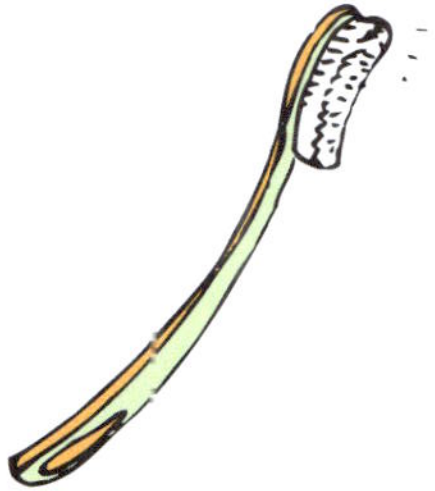

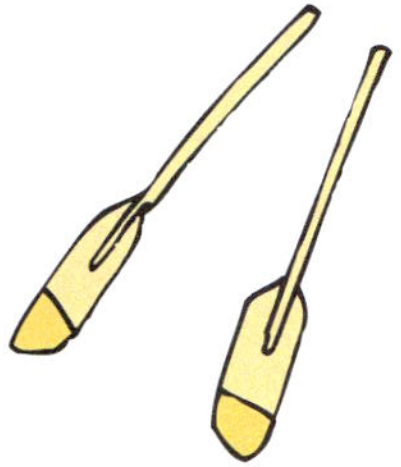

Was ist am größten?

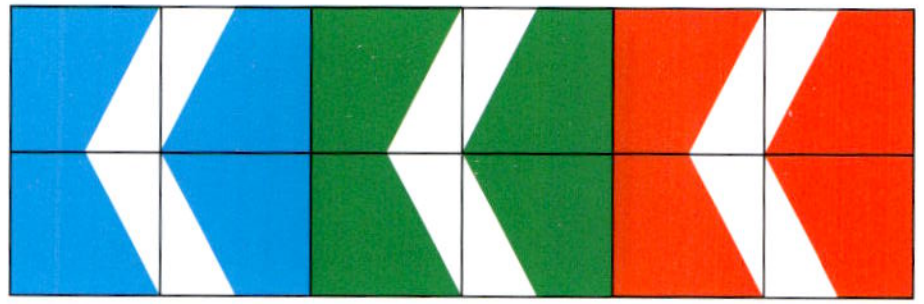

1	2	3	4	5	6
7	8	9	10	11	12

Was ist am kleinsten?

1	2	3	4	5	6
7	8	9	10	11	12

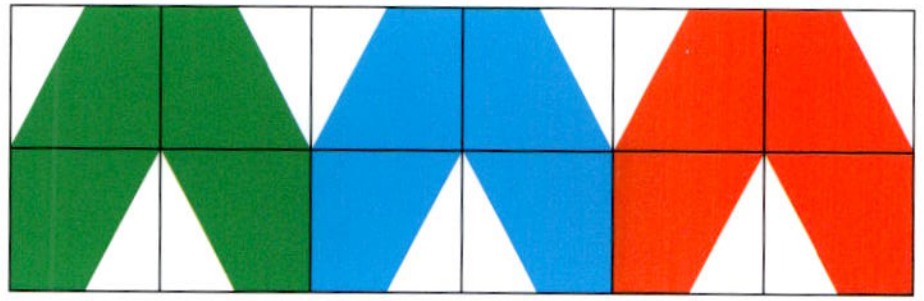

1	2	3	4	5	6
7	8	9	10	11	12

Was fehlt?

1
2
3
4
5
6
7
8
9
10
11
12
LEO

Was fehlt?

1	2	3	4	5	6
7	8	9	10	11	12

1
2
3
4
5
6
7
8
9
10
11
12

Hier stimmt etwas nicht. Mach es richtig! 12

1	2	3	4	5	6
7	8	9	10	11	12

1
2
3
4
5
6
7
8
9
10
11
12

Hier stimmt etwas nicht. Mach es richtig!

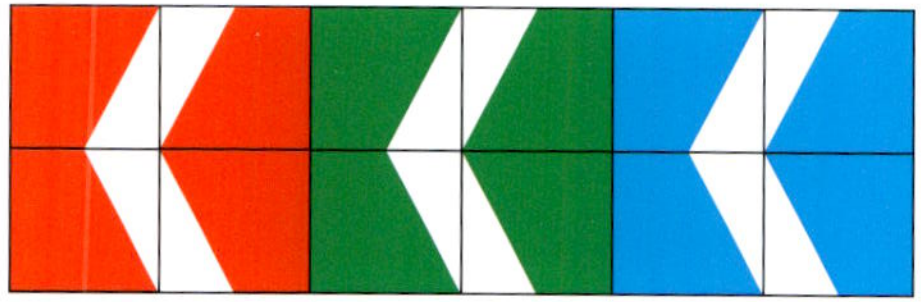

1	2	3	4	5	6
7	8	9	10	11	12

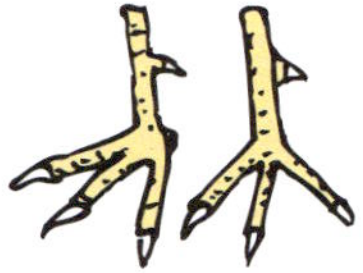

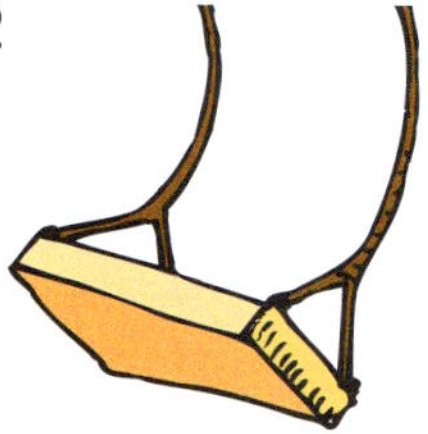

Suche dieselbe Richtung!

1	2	3	4	5	6
7	8	9	10	11	12

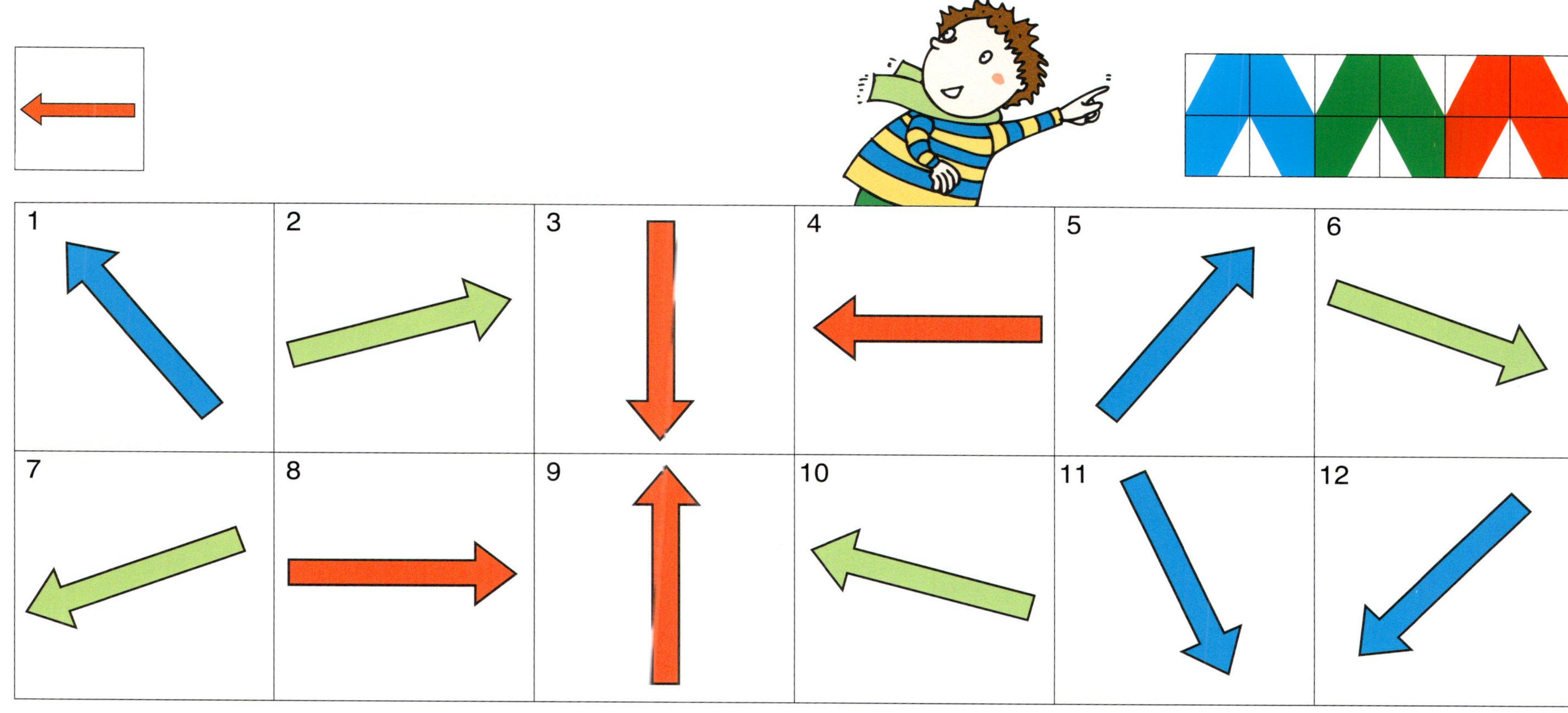

1
2
3
4
5
6
7
8
9
10
11
12

Wohin weht der Rauch?

1	2	3	4	5	6
7	8	9	10	11	12

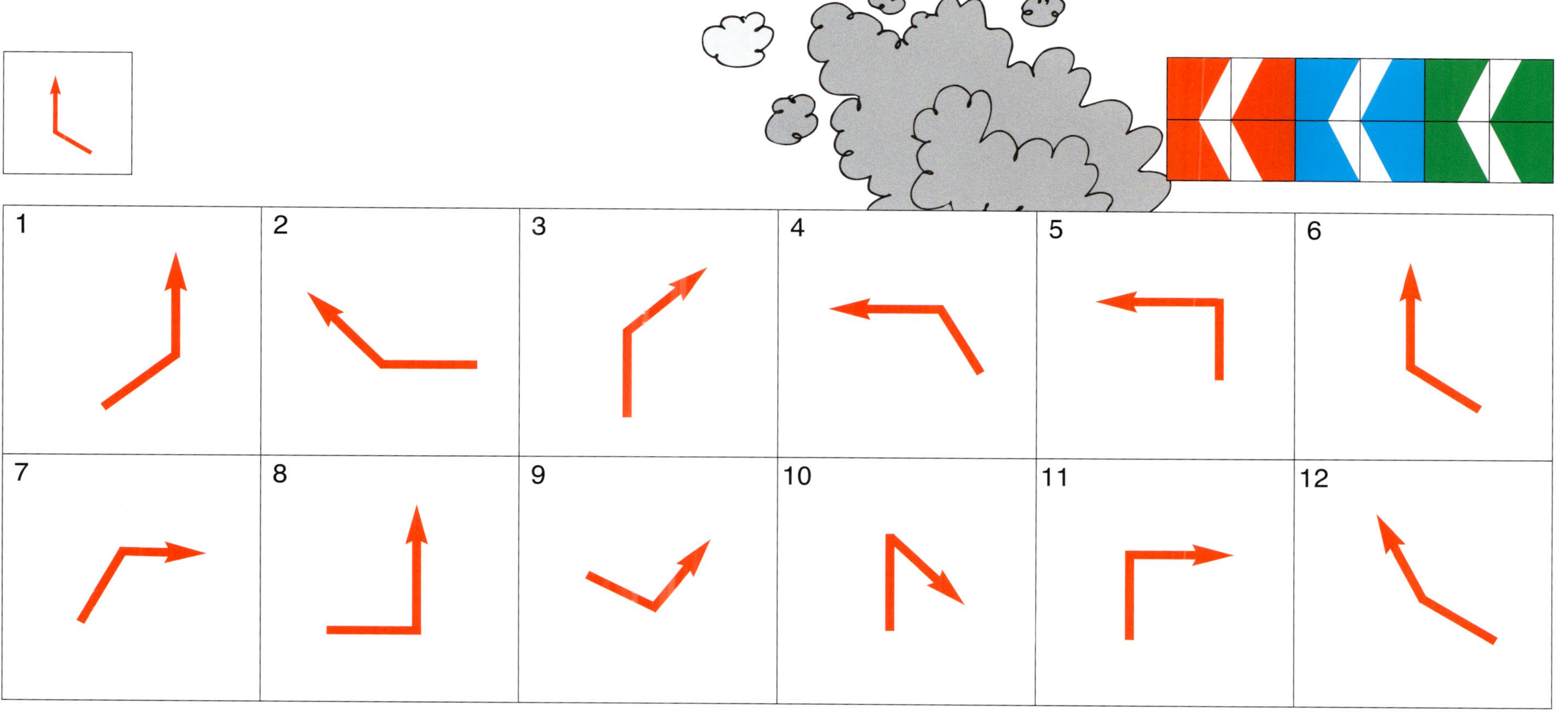
1
2
3
4
5
6
7
8
9
10
11
12

Suche das Spiegelbild!

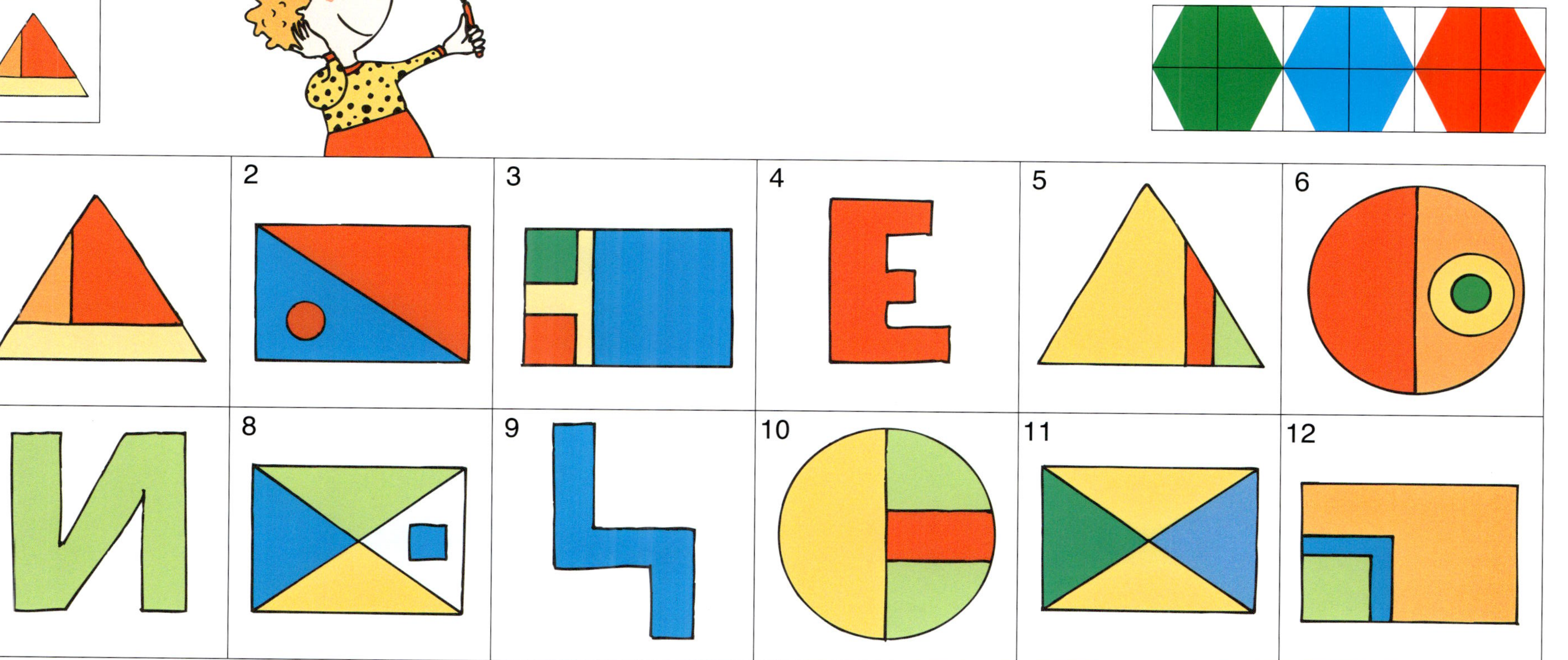
1
2
3
4
5
6
7
8
9
10
11
12

Suche das Spiegelbild!

1 2 3 4 5 6

7 8 9 10 11 12

1	2	3	4	5	6
7	8	9	10	11	12

Was reimt sich?

1	2	3	4	5	6
7	8	9	10	11	12

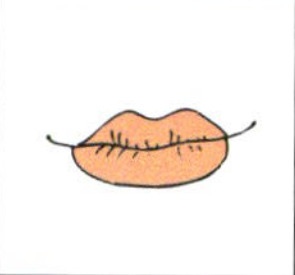

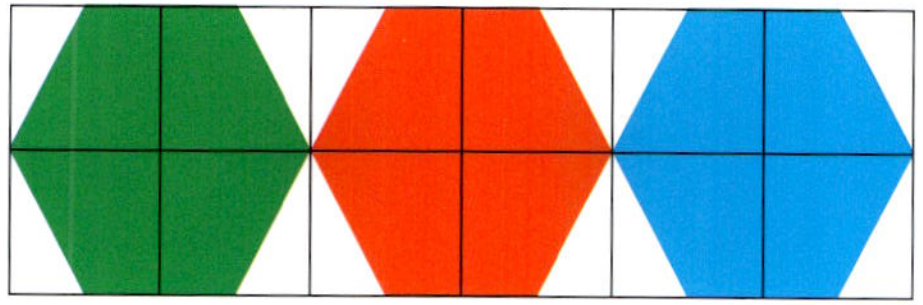

1	2	3	4	5	6
7	8	9	10	11	12

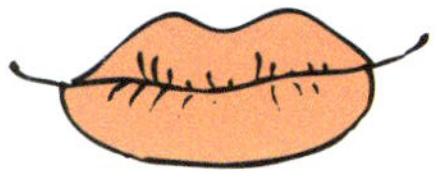

Was reimt sich?

1	2	3	4	5	6
7	8	9	10	11	12

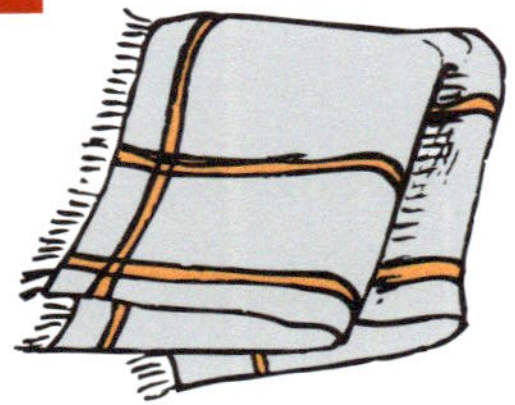

1
2
3
4
5
6
7
8
9
10
11
12

Dasselbe Wort - aber ein anderes Ding!

1	2	3	4	5	6
7	8	9	10	11	12

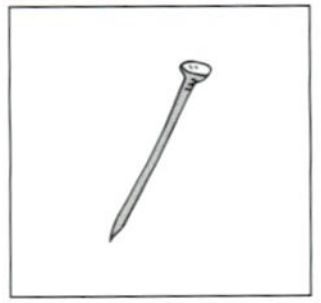

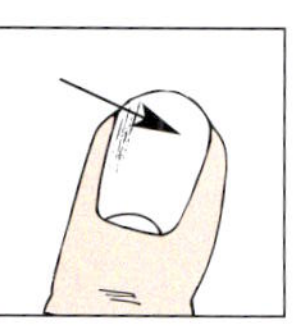

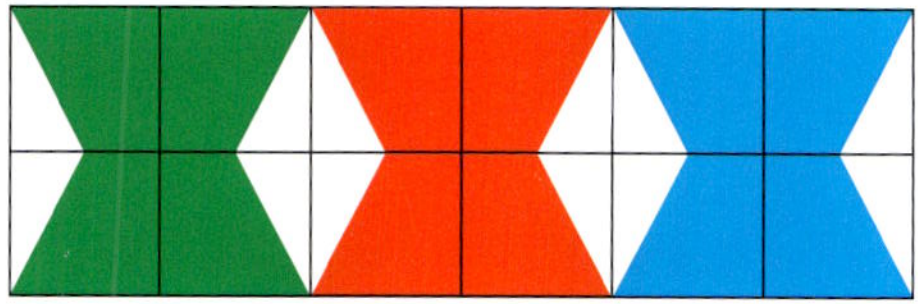

1	2	3	4	5	6
7	8	9	10	11	12

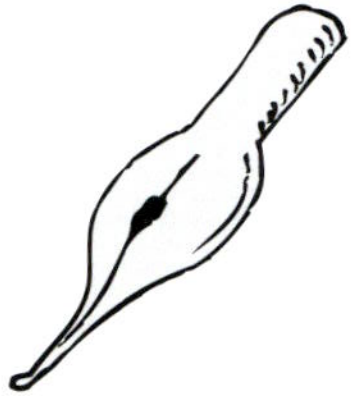

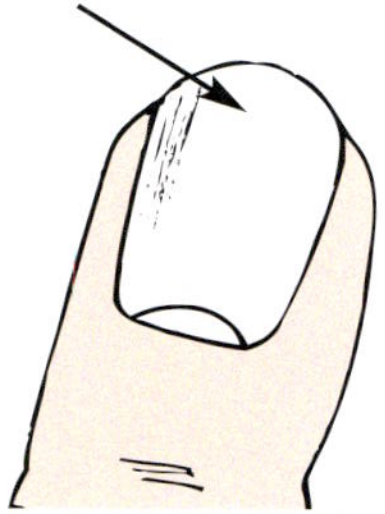

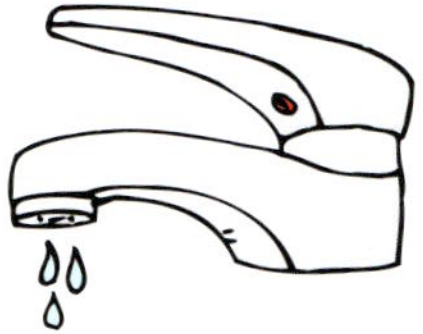

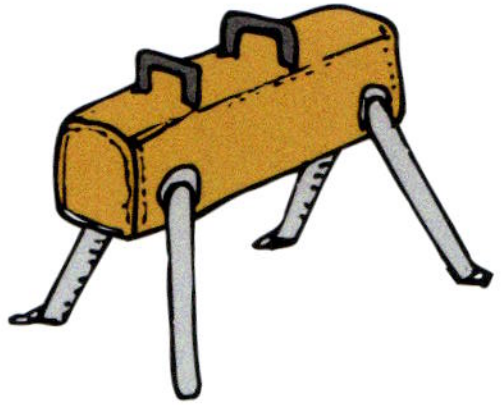

WWW.LUEK.DE

Plättchen für Plättchen zum Erfolg!
Mit dem miniLÜK-Kontrollgerät.

Spielreihen zur Merkfähigkeit und zur Konzentration
Das zweite Heft aus der Vorschulkinder-Reihe randvoll mit spannenden Aufgaben für wissbegierige Vier- bis Sechsjährige. Alle Aufgaben sind altersgerecht konzipiert und fördern spielerisch Konzentration und Merkfähigkeit:

- Gegenstände zuordnen
- fehlende Dinge ergänzen
- kleine Knobelaufgaben lösen
- Farben und Formen unterscheiden
- Fehler entdecken

Die ideale Vorbereitung auf die Grundschule!

Vorschulkinder 2
ISBN 978-3-89414-102-8